바람처럼 떠나야지

Ich will wie der Wind aufbrechen

바람처럼 떠나야지

Ich will wie der Wind aufbrechen

민립 **김 상 훈** 번역시집

김천혜 번역자 | 에른스트 얀젠 번역자문

세종출판사

저자의 말

독일어 번역시집을 내면서

지금 우리는 지구촌地球村시대에 살고 있다. 국경의 의미가 상실된 탈국경脫國境 초지리超地理의 시대, 보호벽이 없어진 무벽無壁문화시대에 살고 있다. 따라서 개방과 소통, 수용受容과 화친和親의 원리가 강조되고 있고, 언어를 통한 문화 · 예술 전반의 광범위한 교류가 날로 탄력을 더해가고 있는 것이다.

운문이든 산문이든 작품의 생명은 국내 · 외를 막론하고 보다 많은 독자를 확보하는 데 있다. 가깝게는 나의 자녀를 비롯한 가족, 제자, 친지, 멀리로는 외국의 많은 독자에 이르기까지 크게 힘들이지 않고 작품을 대할 수 있도록 하는 것이 작가로서의 사명이 아닐까 생각하고 책을 엮게 되었다.

<번역은 제2의 창작>이란 말이 있다. 이 어려운 과제를 흔쾌히 맡아 원시原詩보다 훨씬 훌륭한 번역을 해주신 독문학자며 문학평론가이신 김천혜 박사님과 번역자문을 맡아주신 에른스트 얀젠 선생님에게 깊은 감사를 드린다.

Ein kurzes Begleitwort des Dichters zum vorliegenden Gedichtband

Wir leben im Zeitalter der Weltgemeinschaft. Die Grenzen zwischen Ländern sind nicht mehr vorhanden. Die Wände des Protektionismus verschwanden. Wir setzen uns täglich ein für noch mehr Öffnung und Kommunikation, noch mehr Erfahrungsaustausch und Freundschaft. Der kulturelle Austausch durch das Medium der Sprache steht dabei im Zentrum. Das Leben und Wirken eines literarischen Werkes, ob in Versen oder Prosa, ist abhängig von seinen Lesern. Es ist mir daher für die Zukunft Wunsch und Pflicht, noch mehr Lesern im Inland und auch im Ausland den Zugang zu meinen Gedichten zu öffnen.

Ich habe meine Gedichte für alle Menschen geschrieben: für meine Kinder, für meine Schüler, für meine Freunde und Bekannten; und auch für alle mir noch unbekannten Leser, die mit dem Dichter seine Gefühle und Gedanken teilen möchten.

Man sagt, eine Übersetzung sei eine zweite Schöpfung. Mein herzlicher Dank geht an Herrn Chonheh Kim, Professor für Germanistik und Literaturkritiker. Er hat die große Arbeit der Übertragung der Gedichte in die deutsche Sprache mit viel Einfühlungsvermögen vorgenommen. Ich danke Herrn Ernst Jansen auch herzlich für die Hilfe dabei.

차례

행화촌杏花村

살구꽃 피는 마을
피는 꽃이 저리 곱다

피는 꽃 그 너머로
지는 꽃도 어여쁘다

목숨도 오가는 날이
저리 꽃길고져

Das Dorf der Aprikosenblüte

In dem Dorf, wo die Aprikosenbäume stehen,
Stehen die Blüten in voller Pracht.

Doch die Blüten, die abseits verwelken,
Sind auch schön.

Ein Leben kommt und geht den gleichen Weg
Wie diese Blüten.

춘소우春宵雨

장지 밖에 도란 도란
밤비가 속삭인다

그리운 사람들의
그리운 얘기처럼

가만히 귀를 기우려
아쉽게만 듣는다

Der Regen in der Frühlingsnacht

Draußen vor der Tür flüstert leise
Der nächtliche Regen,

Wie die Erzählungen derer,
Nach denen ich mich sehne.

Sie vermissend
Höre ich dem Regen zu.

자우慈雨

우리네 타는 목마름 어디멘가 가 닿아서
마침내는 미리내銀河가 수문水門을 열었나 보다
날 새면 먼 산 굽굽이 솔빛 돋아 오겠구나

생각은 소리 없어도 만리에 울리는 건가
하늘 땅 서로를 불러 화답하여 내리는 비
우리도 봉답奉畓에 가득 실린 물을 보겠네

Der barmherzige Regen

Sicher weiß jeder, dass wir durstig sind.
Der Himmel öffnet seine Schleusen. Wenn es tagt,
Werden die Kiefern auf den Hängen in sattem Grün erscheinen.

Die Natur hört sicher alles, was man im Gedanken spricht.
Wie auf Vereinbarung lassen es der Himmel und die Erde regnen.
Wir werden das im Reisfeld stehende Wasser sehen.

조춘사早春詞

얼음 풀린 연못가에 새로 이는 잔물결을
물끄러미 바라보다 문득 내가 나를 보니
나도야 고목枯木 실가지 물오르는 실가지

소록비 몇 차례가 문지門紙를 적시우고
텃밭 푸새들 자르르 윤潤이 돌면
울타리 섭나무에도 노란 움이 눈 뜨겠다

Über den frühen Frühling

Ich betrachte kleine Wellen im Teich, in dem Eis geschmolzen ist,
Und dann plötzlich mich selbst, einen alten Baum,
Dessen Zweige zu grünen beginnen.

Wenn der Regen die Papiertür mehrmals durchnässt hat,
Wenn die Pflanzen auf dem Feld fruchtbar scheinen,
Keimen die jungen Blätter hellgrün am Baum neben dem Zaun.

그리움

불현듯 그 이름을 입속으로 뇌어 본다
닿지 않는 거리에서 외로 그려 사는 날도
서로를 속품에 감춰 다숩게만 느낀다

나직이 불러 보면 나직이 화답할 듯
도란도란 그 목소리 귓전에 쟁쟁하고
둥두렷 밝은 모습이 만월처럼 차오른다

Die Sehnsucht

Schweigend rufe ich ihren lieben Namen.
Wenn wir auch voneinander entfernt wohnen,
So trägt doch jeder den anderen im Herzen und fühlt sich ihm nah.

Ihre zarte Stimme klingt mir in den Ohren,
Als würde sie antworten, wenn ich sie rufe.
Ihre Gestalt steigt mir auf wie der Mond.

바람처럼 떠나야지

바람 부는 날
바람처럼 떠나야지

무거운 짐 다 부려놓고
가진 것 다 버리고
입성도 다 벗고
아무 욕탐慾貪도 미련未練도 없이
훌훌 가볍게 떠나야지

늦가을
마른 잎새 익은 열매들
뿌리로 돌아가듯
나도 나의 본래의 모습으로
돌아가야지

바람 부는 날
바람처럼 떠나야지

Ich will wie der Wind aufbrechen

Wenn der Wind weht,
Werde ich aufbrechen wie er.

Ich werde alle Last abladen,
Alles, was ich habe, wegwerfen,
Die Kleidung ausziehen,
Begierde und Anhänglichkeit loslassen,
Und einfach und leichtfüßig aufbrechen.

Wie trockne Blätter und reife Früchte
Im Spätherbst zur Wurzel zurückkehren,
kehre auch ich zu meinem eigentlichen Ich zurück.

Wenn der Wind weht,
Werde ich aufbrechen wie er.

토우土偶

사람이 그리워서
토우를 모읍니다

안두案頭와 서가書架 위에
의좋게 앉힙니다

해마다 식구는 늘고
정도 깊어 갑니다

아침도 함께 맞고
저녁도 함께 맞고

기쁨도 슬픔도
모두 함께 합니다

때로는 대작對酌 응창應唱도
함께 즐겨합니다

정情주면 흙과 돌도
정情으로 응합니다

혼魂주면 흙과 돌도
혼魂으로 답합니다

배신도 변심도 없는
토우들이 좋습니다

Tonfiguren

Ich sehne mich nach Menschen.
So sammle ich Tonfiguren.

Auf den Tisch und den Bücherschrank
Setze ich sie nebeneinander.

Jedes Jahr vermehren sie sich,
Und die Liebe zu ihnen vertieft sich.

Den Morgen empfangen wir zusammen,
Den Abend auch.

Wir teilen Freude und Leid
Miteinander.

Wenn man sie, die aus Erde und Stein, liebt,
Revanchieren sie sich mit Liebe.

Wenn man sie mit Seele behandelt,
Reagieren sie mit Treue.

Ich liebe diese Tonfiguren.

Sie wissen Treubruch oder Verrat nicht.

너와 나

너는 성城안에서 패왕覇王으로 살고
나는 산정山頂에서 억새 되어 산다

너는 중인衆人의 앙모仰慕 위에 있고
나는 비바람의 휘살림에 있다

너에겐 엄위嚴威가 생명이 되고
나에겐 외로움이 생명이 된다

너에겐 성城안만이 시계視界이지만
나에겐 천애天涯 지애地涯 차장遮障이 없다

너는 항시 소란 속에 이명耳鳴되지만
나는 항시 청명淸明하게 귀가 열린다

솔바람 산새소리 계곡 물소리
내가 누린 이 청복淸福이 네게는 없다

따슨 양광 맑은 이슬 소슬蕭瑟한 산기山氣
내가 누린 이 청복淸福도 네게는 없다

오로지 너와 내가 함께 하는 건
허랑虛浪히 잃어가는 세화歲華뿐이다

날이 가고 달이 가고 때가 기울면
우리는 모두 함께 떠나야 한다

그날 그때 그 종언終焉의 채비를 위해
너와 나는 전혀 달리 자리해 있다

너는 성城안의 영관榮冠을 쓴 패왕覇王
나는 산정의 고절孤絕을 안을 억새

Du und ich

Du lebst als der König im Schloss.
Ich lebe als ein Rohr auf dem Berggipfel.

Du genießt die Verehrung des Volkes.
Ich werde von Regen und Wind belästigt.

Du lebst von der Würde.
Ich von der Einsamkeit.

Deine Sicht ist innerhalb des Schlosses begrenzt.
Aber meine hat im Himmel und auf der Erde keine Grenze.

Du hast immer Ohrensausen im Lärm.
Aber ich höre klar.

Ich habe das Glück, das Geräusch der Kiefern im Wind, das Zwitschern
Der Bergvögel und das Rieseln des Baches zu hören, nicht aber du.

Ich habe das Glück, den warmen Sonnenschein, den klaren Tau,
Und die Urkraft des Berges zu genießen, nicht aber du.

Was wir gemeinsam haben, ist die Zeit,
Die vergänglich vergeht.

Beide werden wir diese Erde zusammen verlassen,
Wenn Tage, Monate und Jahre vergangen sind.

Um das Ende zu empfangen,
Werden wir an verschiedenen Orten sein,

Du als der König mit der Krone im Schloss,
Ich als ein einsames Rohr auf dem Berggipfel.

작은 바람小望

바닷가에 살면서
물빛이나 실컷 닮고

산 밑에서 살면서
산빛이나 실컷 닮아

사시사철 창창蒼蒼하게
청청靑靑하게만 살다가

저 세상에 가서라도
그렇게만 살다가

심심하면 한번쯤 더
이 세상에 다시 와서

바다가 되었다가
산이 되었다가

파도가 되었다가
솔바람이 되었다가

바닷가에 살면서
물빛이나 실컷 닮고

산 밑에서 살면서
산빛이나 실컷 닮아

가는 곳 오는 곳 어디메서고
창창蒼蒼하게 청청靑靑하게만
있고 싶어라

Ein kleiner Wunsch

Ich möchte am Strand der See leben
Und deren Farbe ähneln.

Ich möchte am Fuß des Berges leben
Und dessen Farbe ähneln.

Immer möchte ich
Blau und Grün leben.

Im Jenseits möchte ich
So weiter leben.

Wenn es mir dort langweilig wird,
Komme ich wieder zum Diesseits zurück,

Und werde mal See,
Mal Berg,

Mal Wellen
Mal Wind bei den Kiefern.

Wieder möchte ich am Strand der See leben
Und deren Farbe ähneln.

Wieder möchte ich am Fuß des Berges leben
Und dessen Farbe ähneln.

Überall, Diesseits oder Jenseits
Möchte ich Blau und Grün leben.

어머니

어제는 당신이 해로 떠서
제 방 차운 안석案席의
냉기冷氣를 녹이시더니
오늘은 당신이 달로 떠서
제 머리맡
시름을 같이 하네요

유계幽界로 가신 지
오랜 어머니
무시無時로 내게는
내왕이 잦으시다

계면界面도 없는
모자母子의 숙연宿緣
이승 저승 오고 가도
변함이 없네

Meine Mutter

Gestern warst du die Sonne
Und wärmtest den kalten Sitz
In meinem Zimmer.
Heute bist du der Mond
Und teilst bei mir die Sorge mit mir.

Seit langem ist Mutter
Im Jenseits
Und kommt oft zu mir.

Die grenzenlose Beziehung
Zwischen Mutter und Sohn
Ist sowohl hier
Als auch dort unverändert.

내 떠난 자리에

꽃 떨어진 자리에
꽃이 차지한 만큼의 향기가 맴돌고
잎 떨어진 자리에
잎이 차지한 만큼의 무게가 남는다
내 떠난 자리에
어떤 향기가 맴돌까
무슨 무게가 실릴까

Am Platz, den ich verlassen werde

Am Platz, von dem die Blumen fielen,
Bleibt noch deren Duft.
Am Platz, von dem die Blätter fielen,
Bleibt noch deren Gewicht.
Was für ein Duft wird bleiben am Platz,
Den ich verlassen werde?
Wieviel Gewicht
Wird dort bleiben?

풀의 사연事緣

이름 없는 풀일수록
꽃을 피워야 한다

이름 없는 풀일수록
열매를 맺어야 한다

이름 없는 설움을
잊기 위하여
이름 없는 괴로움을
씻기 위하여

꽃은 눈부시게 아름답고
열매는 금빛으로 빛나야 한다

쳐다보니 무거운 하늘 한자락
둘러보니 척박瘠薄한 한 치 땅 황토

뿌리 내린 그 꽃이
황무荒蕪할수록
삶은 더욱 처연凄然토록

절절하구나

이름 없는 풀일수록
꽃을 피워야 한다
이름 없는 풀일수록
열매를 맺어야 한다

Die Umstände der Gräser

Die nicht geschätzten Gräser
Müssen reich blühen.

Die nicht geschätzten Gräser
Müssen reich fruchten.

Um die Trauer über ihre Unwichtigkeit
Zu überwinden,
Um den Schmerz darüber
Zu überkommen,

Müssen die Blumen wunderschön sein
Und die Früchte golden glänzen.

Oben liegt ein Stück schweren Himmels,
Unten ein Stück unfruchtbarer Gelberde.

Je ärmer die Blumen und Früchte,
Desto mühsamer und anstrengender ist das Leben.

Die nicht geschätzten Gräser
Müssen reich blühen.
Die nicht geschätzten Gräser
Müssen reich fruchten.

이 가을엔

이 가을엔 울고 싶도록 높푸른 하늘이고 싶습니다
아야라히 펼쳐져 눈부시게 빛나는

이 가을엔 불 같이 활활 타는 단풍이고 싶습니다
모든 것 아낌없이 온 몸으로 헌여獻與하는

이 가을엔 맑디맑은 냇물이고 싶습니다
깊은 바다 속살까지 투명透明하게 비치는

이 가을엔 무게로운 한 알 실과實果이고 싶습니다
다가올 봄을 예비하며 조용조용 뿌리로 돌아가 앉는

In diesem Herbst

In dicsem Herbst würde ich gerne
Der traurig aussehende, hohe, blaue Himmel sein,
Der sich breit dehnt und glänzend scheint.

In diesem Herbst würde ich gerne
Das rot brennende Laub sein,
Das alles aufgibt und sich opfert.

In diesem Herbst würde ich gerne
ein klarer Bach sein,
Der durchsichtig bis zum Grund ist.

In diesem Herbst würde ich gerne
Eine schwere Frucht sein,
Die, auf den Frühling wartend,
Langsam und leise zur Wurzel zurückkehrt.

새 한 마리를 위하여

하늘은 한 마리의 새를 위해 펼쳐있고
들은 한 포기 풀을 위해 널려 있다

새의 황홀한 비상을 위해
노을은 더욱 붉게 타고
풀의 끝없는 번성繁盛을 위해
들은 더욱 기름지다

새를 허공虛空으로 스쳐 지나는
하나의 비행물飛行物로 보는
풀을 수면水面에 떠 있는
하나의 부유물浮流物로 보는
어젯날의 눈들은 암암闇闇하다

하늘을 온통 차장遮帳으로 보는
들을 온통 황무荒蕪로 보는
어젯날의 눈도 막막漠漠하다

하늘에서 하늘끝까지
땅에서 땅끝까지

아침에서 밤까지
밤에서 아침까지
모든 것은 오로지
새와 풀을 위해
넉넉히 있다

Für ein Vögelchen

Für ein Vögelchen ist der hohe Himmel da.
Für ein Gras ist das breite Feld da.

Für den Vogelflug
Brennt die Dämmerung roter.
Für das Gedeihen des Grases
Wird das Feld fruchtbarer.

Die Augen von gestern,
Die das Vögelchen einfach
Als ein fliegendes Ding,
Und das Gras als ein flatterndes betrachten,
Sind blind.

Die Augen von gestern,
Die den Himmel als einen Sperrvorhang,
Das Feld als eine Einöde betrachten,
Sind verdorben.

Der Himmel bis zum Rand,
Die Erde bis zum Rand,
Die Zeit vom Morgen bis zum Abend und
Die vom Abend bis zum Morgen,
Alles ist da, um des Vögelchens und des Grases willen.

내 구름 되거든

내 그름 되거든
자네 바람 되게

그래서
너무 세게나 급하게는 말고
알맞게 날 상천上天으로 밀어 올려
천애天涯에서 천애天涯로
유유悠悠히 떠놀게나 하게

자네 구름 되거든
나도 바람 될라네

그래서
자네 내게 했듯
나도 저네에게 갚음함세

구름과 바람
바람과 구름

생각하면
바늘에 실 같은
아자창亞字窓에 돌저귀 같은
연분緣分일세그려

내 구름 되거든
자네 바람 되게

자네 구름 되거든
난 바람 됨세

Wenn ich ein Wölkchen werde

Wenn ich ein Wölkchen werde,
Dann wirst du ein Wind.

Und dann,
Schieb mich sanft und behutsam
Nach oben zum Himmel,
Damit ich von Rand zu Rand
Wandere.

Wenn du ein Wölkchen wirst,
Dann werde ich ein Wind.

Und ich werde mich dafür revanchieren
Wie du mir getan hast.

Wölkchen und Wind
Wind und Wölkchen

Deren Beziehung ist,
Denke ich,
Die zwischen dem Fenster und den Angeln.

Wenn ich ein Wölkchen werde,
Dann wirst du ein Wind.

Wenn du ein Wölkchen wirst,
Dann werde ich ein Wind.

또 하나의 자화상自畵像

몇 번 쓰러졌던가
그래도 일어났었지

몇 번 짓밟혔던가
그래도 일어났었지

몇 번 난자亂刺당했던가
그래도 일어났었지

몇 번 유기遺棄 매몰埋沒되었던가
그래도 일어났었지

만신창이滿身瘡痍가 되고 유혈流血이 낭자狼藉하고
기진맥진氣盡脈盡했는데도 끝내는 일어났었지

한 번도 울어 본 일은 없지
언제나 씩 웃으며 일어났었지

Ein anderes Selbstbildnis

Wievielmal bin ich hingefallen?
Aber ich bin jedesmal aufgestanden.

Wievielmal wurde ich niedergetreten?
Aber ich bin jedesmal aufgestanden.

Wievielmal wurde ich mit dem Schwert geschnitten?
Aber ich bin jedesmal aufgestanden.

Wievielmal wurde ich weggeworfen und begraben?
Aber ich bin jedesmal aufgestanden.

Der Körper wurde verletzt, war ohnmächtig, hat geblutet.
Aber ich bin jedesmal aufgestanden.

Ich habe niemals geweint.
Immer lächelnd bin ich aufgestanden.

산거山居
- 마음 가운데 모든 것 있네

마음 가운데 모든 것 있네
기쁨도 슬픔도
즐거움도 노여움도

마음 가운데 모든 것 있네
사랑도 이별도
안식安息도 고통苦痛도

마음 가운데 모든 것 있네
성공도 실패도
행복도 불행도

「심외무불心外無佛
즉심시불卽心是佛」
부처도 마음 밖에는 있을 수 없네
마음 그대로가 곧 부처이네

Wohnen im Gebirge
- alles liegt im Grunde des Herzens

Alles liegt im Grunde des Herzens,
Freude und Trauer,
Lust und Ärger.

Alles liegt im Grunde des Herzens,
Liebe und Abschied,
Ruhe und Schmerz.

Alles liegt im Grunde des Herzens,
Gelingen und Mißlingen,
Glück und Unglück.

Außerhalb des Herzens
Gibt es keinen Buddha.
Das Herz selbst ist Buddha.

혜안慧眼

東山에 올라 보면
西山을 알 수 없고

西山에 올라보면
東山을 알 수 없다

언제면 양단兩端을 꿰뚫어 볼
혜안 밝아 올건가

Der Weitblick

Wenn man auf den östlichen Berg steigt,
Kann man vom westlichen nichts wissen.

Wenn man auf den westlichen Berg steigt,
Kann man vom östlichen nichts wissen.

Wann kann man den Weitblick bekommen,
Um von beiden etwas zu wissen?

낙엽을 쓸며

간밤의 어둠을 쓸듯
떨어진 잎들을 씁니다

잎은 같은 잎인데도
신고辛苦의 흔적痕迹은 다릅니다

유달리 반점斑點이 많은 것을
제게 비比해 봅니다

사람살이 비슷해 보이나
보법步法도 업보業報도 다릅니다

열뇌熱惱와 마운魔雲에 시달려
바랠대로 바랩니다

씻기고 깎이다 보면
조약돌로 굳어도 집니다

세월이 가고 보면
인생人生도 한 잎 낙엽落葉

제물에 떨어져서
바람에 흩날리는

쓸어도 썩어질 때까지
불태우진 않으렵니다

하늘은 오늘따라
올곧도록 높푸릅니다

온 여름 받돋음하며
가꾼 소망 펼쳐놓고

낙엽落葉은 지명知命에 자족自足코
먼 길을 떠납니다

Das welke Laub kehrend

Das gefallene Laub kehre ich
Wie das Dunkel der Nacht.

Die Blätter sind aneinander ähnlich.
Und doch durch die Spuren ihrer Schmerzen verschieden.

Ein Blatt, das besonders viele Flecken hat,
Vergleiche ich mit mir.

Unser beider Leben sind sich ähnlich,
Mögen auch unsere Wege und unser Karma verschieden sein.

Wir kannten beide Leiden und Unglück
Und sind verblasst.

Gewaschen und gerieben
Wurden wir hart wie Kiesel.

Wenn die uns zugemessene Zeit abgelaufen ist,
War auch das Leben nur ein gefallenes Laub.

Gefallen von selbst oder vom Wind gepflückt
Treibt es umher.

Ich kehre es zusammen, aber verbrenne es nicht.
Ich lasse es verwesen.

Heute ist der Himmel
Besonders hoch und blau.

Das Laub lässt den Traum des letzten Sommers los.

Und zufrieden mit dem kurzen Leben
Geht es einen langen Weg.

선정禪定

가진 것 다 버렸는데
버릴 것 자꾸 생기네

채운 것 다 비웠는데
비울 것 자꾸 고이네

버리고 비우는 일이
요순堯舜보다 어렵던가

Die Zen-Meditation

Alles, was ich hatte, warf ich weg.
Doch taucht immer wieder etwas, was es wegzuwerfen gilt.

Alles, was voll war, machte ich leer.
Doch läuft immer wieder voll, was es leer zu machen gilt.

Wie schwer ist es doch,
Etwas wegzuwerfen und leer zu machen.

이운 꽃

그대 꽂아준 꽃
시들어도 버리지 않네

시든 꽃에도 향기 있음을
아는 이는 아네

방안 가득 베인
그대 지정至情
그대 헌여獻與

날이 갈수록
꽃향기는 더 짙네

그대 꽂아둔 꽃
그대이듯 오래오래
두고 보네

Die verwelkten Blumen

Die Blumen, die du in meine Vase gestellt hast,
Sind verwelkt.
Aber ich werfe sie nicht weg.

Die Weisen wissen, dass auch verwelkte Blumen
Noch duften.

Das Zimmer ist voll von
Deiner Liebe
Und Hingabe.

Mit der Zeit wird der Duft
Immer stärker.

Ich sehe sie lange und lange an,
Als ob sie du wären.

그대와 나

그대는 아름다운 꽃
나는 넓은 꽃밭
그대 없는 나는 텅빈 공허空虛

그대는 노래하는 새
나는 울창한 숲
그대 없는 나는 무거운 적막寂寞

그대는 둥근달
나는 밤하늘
그대 없는 나는 어두운 칠야漆夜

그대는 강물
나는 큰 강
그대 없는 나는 목타는 고갈枯渴

그대 없는 나는
마냥 황량荒凉하다

Du und ich

Du bist eine schöne Blume.
Ich bin ein Blumengarten.
Ohne dich bin ich eine Leere.

Du bist ein singender Vogel.
Ich bin ein dichter Wald.
Ohne dich bin ich eine tiefe Stille.

Du bist der Vollmond.
Ich bin der Nachthimmel.
Ohne dich bin ich eine tiefe Finsternis.

Du bist das Wasser.
Ich bin ein Fluß.
Ohne dich bin ich ein brennender Durst.

Ohne dich bin ich
Eine trostlose Öde.

당신이 오신다니까

하늘이 환하게 개였습니다
당신이 오신다니까

햇빛이 눈부시게 빛납니다
당신이 오신다니까

바람도 조용히 잠들었습니다
당신이 오신다니까

꽃들은 서둘러서 피고
잎들은 푸르름을 더합니다
당신이 오신다니까

당신이 오신다니까
온 세상이 환희歡喜로 넘칩니다

나도 지레
환희에 넘칩니다

Weil du kommen wirst

Der Himmel ist klar,
Weil du kommen wirst.

Die Sonne scheint hell,
Weil du kommen wirst.

Der Wind schläft still,
Weil du kommen wirst.

Die Blumen blühen in Eile
Und die Blätter werden immer grüner,
Weil du kommen wirst.

Die Welt ist voll von Freude
Weil du kommen wirst.

Ich freue mich auch
Schon.

요즈음의 나

풀을 만나면 풀이 되어
풀들과 함께 정겨운 얘기를 나누고

나무를 만나면 나무가 되어
나무들과 함께 정겨운 얘기를 나눈다

구름을 만나면 구름이 되어
구름들과 함께
온 하늘을 싫토록 떠돌다가 돌아오기도 하고

바람을 만나면 바람이 되어
바람처럼 설레기도 하고 휘불리기도 한다

요즈음의 나는 정말 자재自在롭다

Das jetzige Ich

Wenn ich Gräsern begegne,
Werde auch ich ein Gras und unterhalte mich mit ihnen.

Wenn ich Bäumen begegne,
Werde auch ich ein Baum und unterhalte mich mit ihnen.

Wenn ich Wolken begegne,
Werde auch ich eine Wolke
Und wandere tüchtig mit ihnen am Himmel.

Wenn ich einem Wind begegne,
Werde auch ich ein Wind.
Ich wehe und treibe mich herum.

Jetzt bin ich wirklich ganz frei.

깃발

눈비가 와도 펄럭인다
바람이 세차면 기세 더욱 높고
포화砲火와 초연哨煙에 휩싸이면
장열壯烈하기 또한 이를 데 없다

장졸將卒과 군마軍馬가
모두 죽고 모두 흩어진
패전장敗戰場에서는
불에 타면서도
홀로 성채城砦와 진지陣地를 지킨다

이념理念의 표대標台로 세워졌기에
유혈流血이 임리淋漓해도 의연毅然하게 버틴다

최첨병最尖兵의 선구先驅이면서
최후最後 일각一刻까지의 보루堡壘
나도 언제나 깃발이고 싶다

Die Fahne

Sie flattert sogar bei schlechtem Wetter.
Wenn der Wind stark ist, flattert sie heftiger.
Wenn sie im Kanonenfeuer und Pulverdampf ist,
Ist sie noch heldenhafter.

In der Schlacht, nachdem Offiziere und Sodaten
Gestorben oder geflüchtet sind, verteidigt sie allein
Brennend die Festung und die Stellung.

Weil sie das Zeichen der Idee ist,
Verhält sie sich trotz des Blutbades entschlossen.

Sie ist immer an der Spitze und wird
Zur Schanze bis zum letzten Augenblick.
Ich wäre gerne immer eine Fahne.

돌

나는 한 개 돌이고 싶다

가장 밑바닥에 놓이는
밑돌이고 싶다

비바람 찬 서리에 깎이고
이끼 끼어도
성채城砦를 받들고 앉은
돌이고 싶다
대궐大闕을 받치고 선
돌이고 싶다

억천년億千年 흘러
성채와 대궐 다 무너져도
묵묵默默히 그 흔적痕迹으로 남을
돌이고 싶다

말없는 말로
역사歷史를 증언證言하는
돌이고 싶다

Ein Stein

Ich wäre gern ein Stein.

Ein Stein, der
Auf dem niedrigsten Boden liegt.

Obwohl ich durch Regen, Wind und Frost zerrieben
Und bemoost würde,
Würde ich trotzdem ein Stein sein,
Der die Festung und das Schloss stützt.

Auch wenn lange Zeit vergangen sein wird,
Wenn die Festung und das Schloss zerstört sein werden,
Werde ich als Spur überdauern.

Ich wäre gern ein Stein,
Der mit wortloser Sprache
Von der Geschichte zeugt.

인생

빈 배입니다
예순 세 해를 한결같이
물질에 나섰으나
아직도 빈 배입니다

물길을 헤쳐 가는 삿대질도
노櫓질도 서툴었습니다
투망投網이나 낚시질 또한
서툴기만 했습니다

만선귀범滿船歸帆의 꿈은
언제나 바람 안은 돛폭 같았지만
번번이 허탕인 채 돌아왔습니다

풍랑風浪을 만나 수몰水沒할 뻔하기도
해암海岩에 부딪쳐
좌초坐礁할 뻔하기도 하였습니다

세상을 살아가는 행보行步가 워낙 서툴기에
땀은 남보다 몇 배나 더 흘립니다

아직 빈 배입니다

만선滿船의 꿈만
가득 실은 배입니다

Das Leben

Das ist ein leeres Boot.
Drei und sechzig Jahre lang
Gehe ich fleißig fischen.
Aber das Boot ist leer.

Schlecht waren mein Stoßen der Stange
Und mein Rudern.
Schlecht waren auch das Netzeauswerfen
Und mein Fischen.

Der Traum von einem mit Fischen gefüllten Boot
War wie der von einem mit Wind gefüllten Segel.
Aber es gelang mir jedesmal nicht.

Im Sturm wäre es beinahe gesunken,
Auf einem Riff gescheitert.

Weil ich lebensuntüchtig bin,
Muss ich mich viel mehr mühen als andere.

Das Boot ist noch leer.

Es ist voll vom Traum von einem
Mit Fischen gefüllten Boot.

내 친구

어릴 땐 친구가 많았습니다
커서도 친구가 많았습니다
소꿉친구, 재기친구, 공기친구, 자치기친구
썰매친구, 싸움친구, 술친구, 욕친구 등
별별 친구들이 많았습니다

한동안 친구가 없었습니다
옛 친구들 뿔뿔이 흩어져 살고
더러는 성급하게
북망산행北邙山行 했기 때문입니다

요즈음에 와서 다시 친구가
많아져 갑니다
나무가 새 친구 되고
바위가 새 친구 되고
계곡물이 새 친구 되고
솔바람이 새 친구 되고
까마귀도 새 친구 되고
뱀도 새 친구 되고
세상 모든 게 죄다
친구가 되어 갑니다

Meine Freunde

Als ich klein war, hatte ich viele Freunde.
Als ich heranwuchs, hatte ich auch viele:
Spielfreunde, Spielgefährtinnen, Ballfreunde,
Schulfreunde, Schlittenfreunde, Zankesfreunde,
Schimpfwortfreunde und Weinfreunde.

Einige Zeit hatte ich wenig Freunde.
Alte Freunde gingen auseinander.
Einige gingen voreilig in den Himmel.

Jetzt habe ich wieder viele Freunde.
Bäume sind neue Freunde,
Felsen sind auch neue Freunde,
Bäche im Tal sind auch neue Freunde.
Die Winde in den Kiefern sind auch neue Freunde.
Krähen sind auch neue Freunde.
Schlangen sind auch neue Freunde.
Alles in der Welt wird meine Freunde.

산거유정山居有情

눈이 한 길이나 쌓인 지리산 산마루께
먹이라곤 눈 속에 다 묻히고
허기虛飢를 참다못한 산짐승들은
내 우거寓居로 찾아온다

며칠 전엔 사슴들이 와서
말린 무우청을
죄다 먹고 갔고

어제는 산토끼들이 와서
묻어 놓은 고구마를 다 먹고 갔다

처마 끝에 달아 놓은
우지牛脂를 먹으러
하루에도 수백 마리의 멧새들이
다녀간다

오늘 새벽엔
영창影窓을 두드리는 소리에 깨어 보니
우지가 떨어졌다고

멧새 떼가 아우성이다

눈길을 헤치고라도
읍내邑內 장에 다녀와야겠다

Die Freude des Lebens im Gebirge

Schnee bedeckt den ganzen Jirisan-berg.
Alles Futter liegt tief unter dem Schnee.
Darum besuchen die hungernden Tiere
Meine Hütte am Abhang.

Vor einigen Tagen kamen Hirsche
Und aßen getrocknete Rettiche
Restlos auf.

Gestern kamen Hasen
Und aßen vergrabene Süßkartoffeln auf.

Um das Rinderfett zu essen,
Das man ans Vordach gehängt hat,
Kommen hunderte Bergvögel
Jeden Tag.

Heute bei Tagesanbruch klopfte es
Am Fenster. Ich wachte auf.
Die Vögel schrien, dass das Rinderfett

Alle sei.

Trotz des Schnees
Muss ich heute zum Markt in die Stadt.

겨울숲에 와서

나무들 흰 뼈만 남아
앙상하게 떨고 있다

일찍이 눈부신 의상衣裳과 보관寶冠
스스로 벗어 버리고

이제는 낙일落日의 깊은 의미意味만을
곰곰이 되새기고 있다

다 비우고 다 버린 뒤의
황량荒凉하면서 황홀恍惚한 희열喜悅

햇살도 온몸으로 받고
하늘도 티없이 누린다

때때로 설화雪花를 피워 이고서
자안自安 자락自樂도 자재自在롭다

동한冬寒의 겨울이 가면
훈풍의 봄은 오리라

가지마다 불씨로 도사린
꽃눈 잎눈은 활활 타리라

회태懷胎가 뼈저린 통고痛苦라도
별빛처럼 담아 안는다

삼동三冬은 봄의 은밀隱密한 예비
회청回青에의 긴 여로旅路

먼 산 굽이 굽이
솔빛 돌아 오는 날엔

잎새들 다시 수런거리고
새들 다시 지즐대리라

Im winterlichen Wald

Die Bäume zeigen weiße Knochen
Und zittern hager.

Ihre grelle Kleidung haben sie
Schon ausgezogen und ihre Krone abgesetzt.

Jetzt denken sie über den tiefen Sinn
Des Sonnenuntergangs nach.

Sie haben die schale und zugleich entzückte Freude
Nach der Entblätterung.

Am ganzen Körper genießen sie den Sonnenschein
Und den Himmel frei.

Schneeblumen auf dem Kopf,
Sind sie selbstsicher, freudig und frei.

Wenn der kalte Winter vorbei ist,
Kommt der warme Frühling.

Knospen von Blüten und Blättern
Werden bald die Zweige aufbrechen.

Trotz der Wehen nehmen sie
Die Schwangerschaft als ein Sternlicht.

Winter bedeutet die heimliche Vorbereitung
Auf den Frühling und den langen Reiseweg zu ihm.

Wenn die Kiefern auf den Hängen
Grünen,

Werden die Blätter flüstern,
Und die Vögel zwitschern.

봄맞이

그 누가 산수유山茱萸 두어 가지
화병에다 꽂고 갔다

입춘立春은 달포나 남았는데
성급하게도 지레 핀 봄꽃

내게도 올해의 봄은
성큼 와버릴건가 보다

영위營爲가 얼마나 삭막索漠하기에
봄을 앞당겨 줄 속셈이었나

심서心緖가 얼마나 냉엄冷嚴하기에
불을 지펴 볼 작정이었나

그 마음 헤아릴 겨를도 없이
봄은 이미 문턱에 와 섰다

절후節侯가 봄으로 치달으면
우리도 봄을 닮을 일이다

하늘 땅 다 열리면
산빛 물빛 돌아오듯이

너와 나 가슴 사이에도
푸르름으로 채울 일이다

Den Frühling Empfangen

Jemand hat mir einige Blumen
In die Vase gestellt.

Bis zum Frühlingsbeginn ist es noch ein Monat.
Aber die Blumen blühen schon.

Der Frühling wird plötzlich
Zu mir kommen.

Wollte man mir einen frühen Frühling schenken,
Weil mein Leben so arm ist?

Wollte man mir Feuer schenken,
Weil meine Seele so flöstelt?

Aber der Frühling ist schon da,
Bevor die Fragen beantwortet werden.

Wenn der Frühling näher kommt,
Werden wir ihm ähneln.

Wie Berge und Flüsse grünen,
Wenn sich der Himmel und die Erde öffnen,

So werden wir unsere Herzen
Mit Grün füllen.

행자行者

행자行者는
행장行裝이 가벼워야 한다

가벼워야
가볍게 여행할 수가 있다

아무것도 가지지 말고
가벼운 옷차림으로

가는 곳마다
가볍게 쉬었다가
가볍게 떠나면 된다

인생은 행자行者
빈손으로 와서
잠시 머물다가
빈손으로 돌아가는
행자行者

Der Reisende

Für eine Reise muss
Die Reiseausrüstung leicht sein.

So kann man
Leicht reisen,

Nichts tragend,
In leichter Aufmachung.

Man kann sich leicht ausruhen
Und leicht aufbrechen,
Wo man ist.

Der Mensch ist ein Reisender,
Der mit leeren Händen kommt,
Einen Augenblick bleibt
Und dann wieder verschwindet.

삶이란

먼 산이마에 구름 한 자락
한가로이 쉬다가
서둘러 떠난다.

넓은 들녘 끝으로
몰아치던 바람도
풀잎을 휘 살짓다
자취를 감추었다

이른 아침 풀잎의 이슬 한 방울
해 뜨자 오간데 없이 사라졌다.

있는 것은 모두 없어진다
사는 것은 모두 죽는다.

존자필무存者必無
생자필몰生者必沒

Leben ist

Ein Stück Wolke,
Das sich an der Bergstirne ruhig befand,
Brach hastig auf.

Der Wind, der gegen das Ende des Feldes hin blies,
Zog die Gräser an den Haaren,
Und verschwand.

Am frühen Morgen verdunstete der Tautropfen an dem Gras,
Als die Sonne aufging.

Alles Seiende vergeht.
Alles Lebende stirbt.

낙낙장송

천년 풍설風雪을 길들였기에
사시사철 청청靑靑하고 의연毅然하다

山마루에 우뚝서 있어도
외로움이란 아예 모른다

구름은 어깨위에 앉혀 무등 태우고
바람은 품에 안고 정분情分을 듬뿍 실어 보낸다.

서로의 사연 주고 받다보면
십년이 하루같이 가버린다

나 언젠가 한번은
천인절벽千仞絶壁에 낙낙장송落落長松될란다.

Eine große Kiefer

Sie gewöhnte sich tausend Jahre hindurch an Wind und Frost.
So ist sie immer grün und großzügig.

Sie steht allein am Berghang.
Aber sie ist nie einsam.

Sie setzt die Wolken auf ihre Schultern.
Sie umarmt den Wind und lässt ihn dann gehen.

Zehn Jahre, in denen wir uns unterhielten,
Vergingen wie ein Tag.

Ich möchte einmal eine große Kiefer werden,
Die an einer Steilwand steht.

나의 일상

눈이 밝아야만 한다고
하루에도 몇 차례 눈을 씻는다.

귀가 밝아야만 한다고
하루에도 몇 차례 귀도 씻는다.

마음의 눈心眼
마음의 귀心耳는 더 밝아야 한다고
하루에도 몇 차례 묵상默想에 잠긴다.

내명內明이 "참 밝음"임을 깨달아 가면서 산다.

Mein Alltag

Jeden Tag wasche ich mir die Augen mehrmals,
Um besser zu sehen.

Jeden Tag wasche ich mir die Ohren mehrmals,
Um besser zu hören.

Jeden Tag meditiere ich mehrmals,
Damit die Augen und die Ohren der Seele
Besser wahrnehmen können.

Es leuchtet mir immer mehr ein,
Dass die Sauberkeit der Seele die wichtigere ist.

못 부친 편지

여러 날 밤을 꼬박 지세면서
편지 한 통을 썼다

뼈를 깎고
살을 에는 곡진曲盡이
갈피마다 피처럼 흥건한데도
아직도 할 말이 많아
부치지를 못하고 있다.

언제쯤이면
말로서 다 하지 못한 말까지
죄다 담아서 편지를 부치게 될까.

아니면 차라리
그 옛날 어느 분처럼
백지서한白紙書翰이라도 보낼까.

내 서랍 속 깊이 간직해둔
오래된 편지
언제쯤 우표가 부쳐질까.
부친 날의 소인消印이 찍힐까.

Ein Brief, der nicht gesendet wurde

Mehrere Nächte hindurch
Habe ich an einem Brief geschrieben.

Die Zeilen sind nass wie von Blut.
Ernst und Herzlichkeit, mit Schmerzen
An Knochen und Fleisch, sind darin.
Aber ich habe noch viel zu sagen,
Darum kann ich ihn nicht senden.

Wann kann ich den schicken, der den Inhalt enthält,
Den ich nicht mit der Sprache sagen kann?

Soll ich ein leeres Blatt schicken,
Wie jemand alter Zeit?

Der Brief liegt
Tief in meinem Schubfach.
Wann wird er frankiert und gestempelt?

장님이네, 먹보이네

나는 장님이네
아무리 생각해도
장님이란 생각을 떨칠 수가 없네.

세상만사
바르게 본다고 보며 살았는데
바르게 본 것 보다 비뚤게 본 것이
더 많은 것 같네.

나는 먹보이네
아무리 생각해도
먹보라는 생각 떨칠 수 없네.

세상만사
옳게 듣는다고 듣고 살았는데
옳게 들은 것 보다
잘못 듣고 산 게
더 많은 것 같네.

비뚤게 보고
잘못 들었다면
그동안의 내 생각, 내 마음가짐도
비뚤고 잘못 되었을 것이 아닌가?

아무리 생각해도
나는 눈뜬장님
귀 뚫린 먹보란
자탄自嘆이 크네.

Ich bin blind und taub

Ich bin blind.
Soweit ich denke, bin ich durchaus blind.

Ich dachte,
Ich sähe richtig, alles richtig in der Welt.
Aber ich sah mehr falsch als richtig.

Ich bin taub.
Soweit ich denke, bin ich durchaus taub.

Ich dachte,
Ich hörte richtig alles richtig in der Welt.
Aber ich hörte mehr falsch als richtig.

Wenn ich also falsch sah und hörte,
So sind auch meine Denkart und Gesinnung falsch.

Ich beklage selbst, dass ich ein Blinder mit offenen Augen
Und ein Tauber mit offenen Ohren bin.

조선朝鮮 소나무

조선朝鮮 소나무는
혼자일 때
더 정정亭亭하고 더 당당堂堂하다.

반만년半萬年의 흥망興亡과 성쇠盛衰
부침浮沈과 영고榮枯

반만년半萬年의 풍우상설風雨霜雪
칼바람, 피바람도
죄다 무릎 아래 접고

오직 창천蒼天을 닮아
청청靑靑하기만 하다.

조선朝鮮 소나무는
의연毅然하다.
볼수록 성자聖子 같기도 하다.

Die koreanischen Kiefern

Die koreanischen Kiefern sind rüstig und mächtig,
Wenn sie allein stehen.

Aufschwung und Verfall,
Aufstieg und Untergang,
Gedeihen und Verderben während fünftausend Jahren,

Wind, Regen, Frost und Schnee,
Schwerterwind und Blutwind,
Alles lassen sie zu ihren Füßen
Auf der Erde liegen.

Sie wachsen ständig gen Himmel
Immer grün und mächtig.

Die koreanischen Kiefern sind
Immer unverändert.
Sie sehen wie Heilige aus.

고음孤飮

오늘도 나는
술을 마시네.
그리운 친구 생각하며
술을 마시네.

이미 북망北邙한 친구
생각하며
한잔.

남의 나라로 이민간 친구
생각하며
한잔.

한잔 한잔하다가
열잔, 스무잔이 되네.

마주 앉아 대작은 못해도
술잔을 채워
권커니 받거니 하네.

오늘도 나는 술을 마시네.
혼자서 마시지만
결코 혼자가 아니네.

Einsam Trinken

Heute trinke ich wieder.
Einen intimen Freund
Vermissend
Trinke ich.

An den verstorbenen Freund
Zurückdenkend
Ein Glas.

An den ins Ausland ausgewanderten Freund
Zurückdenkend
Noch ein Glas.

Glas um Glas werden es
Zehn, dann zwanzig.

Wir können nicht zu zweit
Trinken.
Aber wir schenken einander ein.

Heute trinke ich allein.
Aber ich bin nicht allein.

독음獨飮

목로木爐 주점
나무의자에 앉아
술을 마시네.

아무하고도
대작對酌하기가 싫어
혼자 마시네.

술은 불붙는 것이 제격이고
안주는 없는 편이 제격이네.

어느 누구도
외로워 보인다고
하지 말게

참으로 외로울 때나
괴로울 때는
독음獨飮, 독작獨酌이
제일 마음 편하네.

목로주점 나무의자에 앉아
달면서도 쓴
쓰면서도 단
세상을 마시네.

Allein Trinken

Auf dem Holzstuhl
Im Ausschank
Trinke ich.

Mit anderen
Trinke ich nicht gern.
Darum trinke ich allein.

Starker Wein passt gut zu mir,
Beilage ist nicht nötig.

Halte niemand
Für einsam.

Wenn man einsam ist,
Oder Kummer hat,
Bringt es Frieden,
Sich selbst einzuschenken und allein zu trinken.

Auf dem Holzstuhl
Im Ausschank
Trinke ich die Welt.
Sie schmeckt süß und bitter zugleich.

실어失語

말을 잃어버렸다
말이란 말
깡그리 잃어버렸다

하도 어이없는 일 많아
기가 막힌 일 많아
말문이 꽉 막혀버렸다

가슴 가득 할 말이 쌓여
죽도록 답답하기도 했는데
아무리 애를 써도
한마디 말도 나오지 않는다

말을 죄다 잃어버렸다 (失語)
말을 죄다 잊어버렸다 (忘語)

Sprachlos

Ich finde leider
keine Worte mehr.
Jetzt bin ich sprachlos.

Vor Entsetzen und Erschrecken
bin ich in dieser Welt
ganz sprachlos geworden

In meiner Brust habe ich viel zu sagen.
Trotzdem kann ich nicht sprechen.
Alle Bemühungen sind umsonst.
Ich kann kein einziges Wort sprechen.

Ich habe alle Wörter verloren.
Ich habe alle Wörter vergessen.

어머니 당신은

어머니 당신은
언제나 빛이었습니다.
눈부시게 밝은 햇빛이었습니다.

어머니 당신은
언제나 볕이었습니다.
부드럽고 따뜻한 햇볕 바로 그것이었습니다.

어머니 당신은
언제나 이슬이었습니다.
내 목마름을 적셔주는 맑고 영롱玲瓏한 이슬이었습니다.

어머니 당신은 비였습니다.
긴 여름의 염열炎熱과 오랜 한발旱魃에 시달리는
대지大地를 흠뻑 적셔주는
패연沛然한 소나기였습니다.

어머니 당신은
언제나 서리霜였습니다.
설익은 나를 완숙完熟에 이르게 하는

어머니 당신은
언제나 눈雪이었습니다.
추위 호된 겨울
날 덮고 감싸주는 솜이불 같은
함박눈 바로 그것이었습니다.

어머니 당신은
언제나 향목香木이었습니다.
자신을 도끼로 찍는 사람에게도
향기를 듬뿍 베풀어주는
그러한 향목이었습니다.

Du Mutter

Du Mutter,
Du bist wie das Licht,
Der glänzende, helle Sonnenschein.

Du Mutter,
Du bist wie die alles durchdringende Wärme der Sonne,
Leben spendend und sanft.

Du Mutter,
Du bist wie die klaren Tautropfen,
Die meinen Durst stillen.

Du Mutter,
Du bist wie der Regen,
Der starke Schauer, auf den die Erde wartet,
Dass er sie befreie von Hitze und Trockenheit.

Du Mutter,
Du bist wie der Reif der späten Herbstnächte,
Der mich, das wilden Obst, zu vollendeter Süße bringt.

Du Mutter,
Du bist wie der dicht fallende Schnee,
Der mich an dem kalten Wintertage,
Wie eine wollene Decke, umhüllt und schützt.

Du Mutter,
Du bist wie der duftende Baum,
Der seinen angenehmen Duft sogar dem schenkt,
Der mit der Axt ihn spaltet.

노래 불러라

노래 불러라
푸른 하늘을

노래 불러라
넓은 들판을

아침엔
금빛 바다
출렁이는 파도를

저녁엔
서쪽 하늘
붉게 타는 노을을

맑고 밝은 목소리랑
죄다 모아서

우리 소망所望
모두 다 이루어지게

높은 것 위에 더 높은
깊은 것 밑에 더 깊은
소리로
노래 불러라

머리끝에서
발끝까지
온 몸으로 우는
그런 노래 한 번 불러라

Besingt!

Besingt
Den blauen Himmel.

Besingt
Das breite Feld

Besingt morgens
Die rollenden Wellen
Auf der goldenen See.

Besingt abends
Die brennende Dämmerung
Am westlichen Himmel.

Singt zusammen
Mit klarer und zarter Stimme,
Damit unsere Wünsche erfüllt werden.

Singt zusammen
Mit der Stimme,

Die höher als die höchste
Und tiefer als die tiefste ist.

Singt ein Lied
Mit eurem ganzen Körper,
Der vom Kopf bis zu den Fußspitzen weint.

사는 날

사는 날이사
길어서 7·80년

그리움이사
천년인 듯 만년인 듯
아득하고

그 속에 배인
설움이사
또 얼마나 긴가

화사한 봄날의
햇빛도 한때

음산陰散한 겨울날의
결빙結氷도 한때

물 흐르듯이
저승까지 흐르고 있다.

사는 날이사
길어서 7·80년
그리움이사, 설움이사
계면界面도 없이 영원한 것.

Die Lebenszeit

Unser Leben dauert
Längstens 70 oder 80 Jahre.

Die Sehnsucht dauert
Tausend oder Zehntausend Jahre.

Die Traurigkeit,
Die dazu gehört. dauert ebenso lange.

Der schönste Sonnenschein im Frühling
Dauert nicht lange.

Der Frost im Winter
Dauert auch nicht lange.

Alles fließt zum Jenseits
Wie das Flusswasser.

Das Leben dauert
Längstens 70 oder 80 Jahre.

Aber die Sehnsucht und die Traurigkeit
Dauern grenzenlos ewig.

황야荒野

황야荒野는 텅 빈 것이 아니라
허허로운 충만充滿이다

그날 황금黃金 수레가
거두어 간 계절季節이어니

낙일落日은 또 무슨 뜻을
광막廣漠 위에 심은 걸까

산은 성곽城郭으로 앉고
하늘은 기폭旗幅으로 찢긴다

세월歲月엔 도표道標도 없이
북풍北風만 설레는데

그 누가 채찍을
이 가각苛刻을 경륜經綸하리

눈물 말자 꿈도 회의懷疑도
남루襤褸처럼 벗어버리면

나는 회심會心의 패장敗將
홀로의 길이 좋다

일찍이 생성生成의 노래가
구가謳歌턴 그 대지大地매랴

침묵沈黙은 함성喊聲보다 높고
회태懷胎는 죽음보다 아프다

밤이면 별무리들이
이랑마다 씨를 놓으니

내일來日은 생명生命의 합창合唱이
이 벌판에 울리리라

Die Öde

Die Öde ist nicht leer.
Sie ist eine weite Fülle.

Jetzt ist die Jahreszeit, in der
Der goldene Wagen alle Ernte einbringt.

Was für einen Sinn will die untergehende Sonne
In die weite Wüste pflanzen?

Die Berge sitzen wie Schlösser.
Der Himmel ist wie eine zerrissene Flagge.

In der Zeit ist kein Kilometerstein.
Nur der Nordwind braust.

Wer kann die Peitsche und
Den Schlag überstehen?

Keine Träne, keinen Zweifel,
Man soll so was ausziehen wie Lumpen.

Ich bin ein Besiegter des Herzens.
Ich gehe gerne allein.

Von jeher herrschte
Das Lied der Schöpfung auf dieser Erde.

Das Schweigen ist höher als das Schreien.
Geboren werden schmerzt mehr als das Sterben.

Die Sterne erscheinen in der Nacht
Und säen Samen auf dem Acker.

Morgen wird ein Chor singen,
Ein Lied vom Leben auf dieser Öde.

江 하나 사이에 두고

그대와 나
인생의 도반道伴이 될
인연因緣은 없었지만
마침내 소망所望처럼 江 하나 사이에 두고 산다.

천리千里도 지척咫尺으로 여겨온
우리들이기에
江 하나쯤은
동거同居 동숙同宿이나
다를 바가 없다.

오늘도 강江 건너에 사는
그대 생각에
해종일
강가에 와서
강 건너를 바라보며
거닐고 있다.

내가 타고 갈 배와
그대가 타고 올 배가

양안兩岸에서 각각 기다리고 있다.
양안을 잇는
다리도 놓인다고 한다.

그날이 오면
강물도
약간은
출렁거리리라.

강바람도
약간은
설레이리라.

Ein Fluss zwischen uns

Unser Schicksal war nicht,
Gefährtin und Gefährte im Leben zu werden.
Wir leben jetzt an den beiden Ufern eines Flusses,
Als ob wir es so gewünscht hätten.

Damals haben wir gedacht,
Tausend Meilen seien keine Entfernung.
Warum sollte das jetzt anders sein,
Da wir doch an den Ufern des gleichen Flusses leben.

Heute denke ich wieder an dich
Und wandre den ganzen Tag
An diesem Ufer,
Den Blick auf das andere Ufer richtend.

Ein Boot, das mich an das andere Ufer bringen soll,
Und ein andres Boot, das dich hierher bringen soll,
Warten an den beiden Ufern.

Eine Brücke zwischen beiden Ufern
Soll gebaut werden.

An diesem Tag
Werden die Wellen des Flusses
Lächelnd rollen.

Und der Wind auf dem Fluss wird
Freudig wehen.

과일가게

우리 집 근처에 과일가게가 하나 생겼다.
「길호가 여는 맛있는 과일세상」
가게 이름 치고는
꽤나 이색적異色的인데다가
당당堂堂하고
자신감自信感이 넘치고 있어 호감好感이 간다.

길호씨는
몸집 좋고 인상 좋고
목소리까지 구수해서

꼭 살 것이 없는데도
나도 몰래 자주 발길이 간다.

여름철 과일가게는
과일도 많고, 손님도 많다.
수박, 참외, 토마토, 포도, 살구, 자두 등등…

며칠 전에 들렀더니
「임고臨皐살구」가 있어서 가슴이 설렜고

오늘은 「고로古老자두」까지 나와 있어
눈시울이 뜨거웠다.

고향은 아니지만
어릴 때 잠깐씩 살았던 고장
영천군 임고와 군위군 고로

조석朝夕으로 과일가게 앞을 지나며
먼 옛날의 향수鄕愁에 젖는다.

Ein Obstladen

Ein Obstladen wurde in der Nähe eröffnet:
Er heißt "Kilhos wohlschmeckende Obstwelt".
Der Name des Ladens ist ungewöhnlich, stattlich
Und dazu noch selbstbewusst.
Das gefällt mir gut.

Herr Kilho hat einen kräftigen Körper
Er macht einen guten Eindruck.
Er hat auch eine angenehme Stimme.

Oft gehe ich dorthin unbewusst,
Obwohl ich nichts zu kaufen habe.

Im Sommer ist der Laden
Voll von Käufern und Obst:
Wassermelonen, Melonen, Tomaten,
Weintrauben, Aprikosen, Pflaumen und anderes.

Als ich vor ein paar Tagen vorbeikam,
Da gab es Aprikosen aus Imgo.

Ein Gefühl der Freude ergriff mich.
Heute fand ich Pflaumen aus Koro.
Sie rührten mich.

Imgo in der Provinz Yeongchon und
Koro in der Provinz Kunwi,
Sie sind nicht meine Heimat.
Aber ich lebte dort als Kind einige Zeit.

Wenn ich morgens und abends an Kilhos Laden vorbeikomme,
Ergreift mich eine Art Sehnsucht.

천사天使

산다는 것은
내가 너의 천사가 되고
네가 나의 천사가 되는 일이다.

우리는 항용 하늘에서 내려올
천사를 기다리며
지겹다고
불만을 늘어놓건만

막상 하늘에는
천사도 없고
천사의 눈부신 흰 날개옷도 없고
천사가 타고 올
아름다운 구름다리나 수레도 없으며
우리에게 가져다준다는
금은보화金銀寶貨도 없다.

오늘은 내가 너에게 보시布施를 하고
내일은 네가 나에게 애어愛語를 하고
모레는 너와 내가 더불어 이행利行·동사同事를 한다.

너와 나는
4 섭행攝行을 지키며

서로가 서로에게
천사天使가 된다.

Die Engel

Leben heißt:
Ich werde dein Engel,
Und du wirst mein Engel.

Oft warten wir auf die Engel,
Die vom Himmel kommen sollen.
Wir beschweren uns darüber,
Lange auf sie warten zu müssen.

Im Himmel aber sind keine Engel.
Die scheinenden weißen Flügel der Engel,
Die Wolkenbrücke oder der Karren,
Den sie nehmen würden, so was gibt es nicht.
Gold, Silber und Edelsteine, die
Sie uns bringen würden, gibt es auch nicht.

Heute werde ich dir einen Gefallen tun,
Morgen wirst du mir schöne Wörter sagen,
Übermorgen werden wir zusammen
Einem andern Wohltat erweisen.

Du und ich arbeiten für die anderen
Nach den 4 alten Lehren.

Und wir werden Engel
Füreinander.

돌부리와 나의 어쭙잖은 인연

오랜만에 시골길을 걷다가
돌부리에 걸려 넘어졌다.

엄지발가락을
빼야할 정도로
상처가 깊고 아프다.

잠을 이루지 못해 밤새 뒤척이다가
홧김에 길바닥에 팽개쳐버린
그놈의 돌부리가 생각났다.

자신의 뒤뚱거리는 걸음걸이 생각은 않고
죄 없는 돌부리에만 화풀이를 한
그 잘난 사람의 치기稚氣를 생각한다.

부끄럽다.

Ein sinnvolles Zusammentreffen mit einem Stein

Nach langer Zeit ging ich wieder einmal
Zu Fuß auf der Landstraße.
Da fiel ich über einen Stein.

Ich hatte eine schwere Verletzung am Fuß
Und fühlte einen brennenden Schmerz.

Die ganze Nacht konnte ich nicht schlafen.
Da dachte ich an den Stein, den ich dann
Mit Wut auf den Straßenboden hingeworfen hatte.

Langsam merkte ich:
Mein unsicherer Gang war daran schuld
Und nicht der Stein.

Ich schäme mich für meine Dummheit.

실향失鄕 우음偶吟

고향엘 가면
고향이 없다.

돌담길도 없고
사립문도 없고
초가草家도 없다.

동구 밖
포구나무도 없고
솟대도 없고

뒷동산도 없고
도래솔도 없다.

고향엘 가면
모든 걸 죄다 잃은
실향인失鄕人이 된다.
무향인無鄕人이 된다.

고향엘 가서
내가 바로 뒷동산이 되고 싶다.

더벅머리 개구쟁이들
말타기, 술래잡기할
묘墓등이 되고 싶다.

도래솔이 되고
포구나무도 되고
돌담길도 되고 싶다.

고향을 잃은,
고향을 잃고 목말라 하는
당신께
당신이 원하는
고향의 모든 것이 되고 싶다.

Das Lied eines Heimatlosen

Wer die Heimat besucht,
Der kann sie nicht mehr finden.

Wege mit Mauern aus Steinbrocken,
Kleine Türen, Häuser mit einem Grasdach,
So was gibt es nicht mehr.

Die alten Bäume vor dem Dorf,
Die Andenkenstange,
So was gibt es nicht mehr.

Der Garten auf dem hinteren Berg,
Die Kiefern um die Gräber,
So was ist auch verschwunden.

Wer die Heimat besucht,
Der ist ein Heimatverlierer
Und ein Heimatloser.
Er hat alles verloren.

Der Garten auf dem hinteren Berg
In der Heimat möchte ich werden.

Auch der Grabhügel, auf dem
Lausbuben mit ungepflegten Haaren
Spielten, möchte ich werden.

Die Kiefern um die Gräber,
Die alten Bäume vor dem Dorf und
Die Wege mit Mauern aus Steinbrocken
Möchte ich werden.

Du, der du die Heimat velorst,
Hast sicher brennenden Durst danach.
Ich will alles werden, was du in der Heimat
Wieder sehen möchtest.

우리가 젊었을 때

찢어지게 가난했는데도 마냥 당당堂堂했다.
막걸리에 왕소금을 안주로 해도
도도滔滔하게 술을 즐겼고
소주에 풋고추뿐인데도
술친구를 불러 모아
곧잘 술자리를 벌였다.

여름엔 땀을 콩죽같이 흘리면서도
멱말 한 두 번이면 족足했고
겨울엔 내의內衣가 없어도
추운 줄을 몰랐다.

주머니를 톨톨 털어서
친구에게 주고는
먼 자갈길을
타박타박 걸어서
귀가할 때가 많았고

신발이 너무 헤어졌다고
팽개쳐버린 친구에게

아예 신발을 몽땅 벗어주고는
바람같이 훌쩍 사라진 일도 있다.

우리 젊었을 때
가난하면서 당당했던 일
아니 당당하게 가난했던 일
참 좋았다.

Als wir jung waren

Wir waren arm wie eine Kirchenmaus, aber großzügig.
Wir tranken Reiswein mit Salz als Beigabe.
Trotzdem genossen wir Getränk großartig.
Als wir nur Sojuwein und Peperonie als Beigabe hatten,
Luden wir Freunde ein und gaben eine Alkoholparty.

Im Sommer schwitzten wir ganz.
Aber ein Körperwaschen genügte.
Im Winter hatten wir keine Unterwäsche an.
Aber wir fühlten keine Kälte.

Manchmal gab ich einem Freund
Mein ganzes Geld,
Und ging den weiten Kieselweg
Nach Hause.

Einem Freund, der keine neuen Schuhe kaufen konnte,
Gab ich meine Schuhe
Und verschwand schnell wie der Wind.

Als wir jung waren,
Waren wir arm und großzügig,
Nein, großzügig arm.
Das war schön.

비빗새 추억

소달구지 타고
읍내 장 구경 한번 가는 것이 소원이라서
이웃집 아저씨께 조르고 또 졸라대었더니
어느 날 귀찮아 하시면서도
내 청請을 들어주셨다.

덜거덕 덜거덕
돌 자갈 깔린 신작로新作路
엉덩이는 아팠지만
신바람은 났다.

아저씨는 장을 보느라 분주奔走하셨고
나는 보는 것마다 신기해서
이 가게 저 가게를 열심히 기웃거렸다.

박물博物장수 아저씨의 북소리,
엿장수 아저씨의 철가위소리 요란하고
칼국수, 비빔밥, 순대국밥, 쇠머리국밥 등의
냄새가 넘치는 식당골목을 지나며
나는 침만 꼴깍꼴깍 삼켰다.

한나절이 넘어서야
집으로 돌아오는데
산모퉁이를 두어 개만 돌면
우리 마을이 보일 것만 같았는데
여러 모퉁이를 돌았는데도
좀체 마을은 보이지를 않았다.

점심도 거르고
타박타박 외롭고 지루한 신작로 길
다행이 비빗새 한 마리가
길동무가 되어주었다.

포르르 포르르
꼬리를 들었다 내렸다 하면서
까만 전신주와 전선을 번갈아
옮아 앉으며
나와 함께 읍내길을 돌아오던 그 새

비빗 비빗
그때 그 비빗새 그립다.

Die Erinnerung an einen Vogel

Als ein auf einem Dorf lebendes Kind
Hatte ich einen großen Wunsch,
Den Markt in dem Städtchen anzusehen.
Ich bat einen erwachsenen Nachbarn mehrmals,
Mich auf dem Ochsenwagen zum Markt mitzunehmen.
Eines Tages erlaubte er es mir, aber ungern.

Ticktack, ticktack fuhr der Ochsenwagen
Auf dem neuen Landweg.
Mein Arsch tat weh.
Aber ich freute mich sehr.

Der Nachbar war beschäftigt mit Einkaufen.
Alles, was ich sah, war seltsam.
Ich sah einen Laden nach dem andern begeistert an.

Ein Gemischtwarenhändler schlug Trommel,
Ein Süßigkeitshändler machte Lärm mit der Schere.
In dem Sträßchen mit den Restaurants
Roch es nach allerlei Essen: Nudel, Pibimpap, Sundae usw.
Ich mußte nur den Speichel hinunterschlucken.

Am Nachmittag ging ich allein nach Hause.
Ich dachte, nach einigen Bergbiegungen
Würde ich unser Dorf finden.
Aber es erschien doch lange nicht,
Obwohl ich an zahlreichen Biegungen vorbeiging.

Ich konnte nicht zu Mittgag essen.
Allein und einsam ging ich auf dem Landweg.
Da erschien ein Vogel und folgte mir.
Wir wurden langsam Freunde.

Er wippte den Schwanz auf und ab.
Fliegend von Leitungsmast zu Leitungsdraht,
Oder umgekehrt,
Begleitete er mich nach Hause,

Pipi, pipi, schrie er.
Noch jetzt sehne ich mich nach ihm.

작소鵲巢

바람 벌 양버드나무에 외로 앉은 까치 둥우리
바람을 빗질하며 잦은 빗발 비켜서서
하늘 끝 가없는 길을 두루 밝혀 삽니다.

밤마다 감기는 어둠 깔고 누운 보금자리
별빛은 금싸라기 모이처럼 줍는 꿈길
가녀린 부리를 맞대 입김 모아 삽니다.

높가지 오를수록 하늘 길은 더욱 멀고
나래를 접고 보면 발 아래로 깔린 의지意志
흘겨본 까만 눈동자 먼 천심天心을 겨눕니다.

Ein Elsternnest

Ein Elsternnest liegt im Weidenbaum auf dem windigen Feld.
Der Wind weht an ihm vorbei und fegt. Der Regen besucht es oft.
Es zeigt und beleuchtet die endlosen Wege unter dem Himmel.

Jede Nacht kommt die Dunkelheit und wird die Schlafdecke der Elstern.
Sie lesen die golden scheinenden Sterne wie Ähren.
Sie stecken die Schnäbel zusammen und wechseln ihren Hauch.

Je höher sie steigen, desto ferner wird der Himmelsweg.
Wenn sie die Flügel zusammenfalten, sehen sie unten ihren Willen.
Ihre schwarzen Augen zielen auf den Himmelswillen.

천의天意

메마른 돌밭에다 수수알을 심어놓듯
외진 이 영지領地에다 우리들을 기르시다
가난한 이 땅 이 하늘 섬겨 나를 서게 하시다

매발 같은 앙금으로 신고辛苦에 뿌리박고
비바람 불적마다 한 치 높인 마디 위에
흰구름 휘청거리며 보내라고 이르시다

가을을 입고 서면 핏빛 물든 창검槍劍이고
흔들면 하늘마저 찢어지는 기폭인데
두드려 산하山河도 울릴 북소리도 거두리라

Der Wille des Himmels

Wie man Hirsen auf die kieselige Erde pflanzt,
Setzte er uns in diesem abgelegenen Territorium und ließ uns wachsen.
Er ließ mich diesem armen Land und dem Himmel dienen.

Er sagte, ich solle wie die Akelei in Not und Armut wurzeln,
Wenn es windig und regnerisch ist, solle ich auf einer höheren Stufe stehen
Und die weißen Wolken ziehen lassen.

Wenn ich im Herbst stehe, werde ich zu einem mit Blut befleckten Schwert.
Wenn ich mich bewege, werde ich eine Flagge, die leicht zerreißt.
Ich werde auch die Trommel schlagen und sie in der Natur ertönen lassen.

민들레

내게는 따로
꽃밭이 필요 없다.

팔 다리가 무쇠 같아서
돌담 밑에서도
시멘트 벽 틈에서도
아스팔트 길바닥에서도
잘도 살고
자라고
꽃도 피운다.

때로는
섬서구메뚜기, 벼메뚜기, 쌕쌔기, 방아개비들이
꽃잎을 갉아 먹고
갓 털을 짓밟고
꽃 싸개를 흩트려 놓곤 하여도

까짓것 정도는
대수롭지가 않다.

어쩌다가 늦둥이 꽃
천지에 찬바람 불 때 피어도
그 세찬바람에 둥 둥 실려
60층 고층아파트
옥상에다 새터를 마련한다.

내가 날아가 앉는 곳은
어디든지
「나」
민들레 꽃밭이 된다.

Der Löwenzahn

Ich brauche
Keine besonderen Garten.

Mein Körper ist stark wie Stahl.
So kann ich an der Mauer,
Zwischen den Wänden aus Beton,
Selbst auf der asphaltierten Straße
Wachsen, leben und blühen.

Ab und zu benagen die Insekten,
Heuschrecken und Käfer
Meine Blüten, zerzausen meine Haare
Und trampeln und klettern
Auf meinen Blättern berum.

Aber das macht mir
Gar nichts aus.

Wenn ich als verspätete Blume
Im kalten Wind verblühe,

Steigen meine Samen mit ihm hoch
Auf die Dachterrasse des 60stoöckigen Gebäudes
Dort baue ich mir eine neue Wohnung.

Die Orte, zu denen der Wind mich trägt,
Sind ‘meine’ Gärten.

낮은 자리

어떤 모임에서건
제일 낮은 자리에 가서 앉는다.

어떤 모임에서건
제일 끝자리
제일 뒷자리에 가서
서기도 하고
앉기도 한다.

제일 낮은 자리
제일 뒷자리
제일 끝자리의
넉넉함과
편안함

참된 안도安堵
참된 해방解放이
무엇인지를 그때서야 절감切感한다.

Der niedrigste Platz

In jeder Gesellschaft
Bevorzuge ich immer den niedrigsten Platz.

Bei jeder Zusammenkunft
Sitze oder
Stehe ich
An der hintersten Stelle
Oder am Rande.

Der niedrigste Platz,
Die hinterste Stelle
Oder der Rand sind
Immer zufriedenstellend
Und angenehm.

Dann empfinde ich stets
Erleichterung und
Befreiung.

김상훈 시인의 약력

김상훈 시인은 1936년 4월 9일 경북 울릉군에서 태어나 대구에서 성장했다.

경북중고, 대구사범을 졸업하고 동국대학교와 동 행정대학원에서 공부했고, 국내의 5개 대학에서 문학, 문장학, 정치학, 경영학 등의 명예박사 학위를 받았다.

1957-1959년 전국백일장 시조부에 매년 입선했고, 1958년에 매일신문, 1961에 부산일보 신춘논문 현상공모에 각각 당선되었으며, 1966년 매일신문 신춘문예에 시조부에 당선 시인으로 등단했다.

그의 언론인으로서의 출발은 대구일보 논설위원이었으며 부산일보의 논설위원과 주필 및 전무를 역임했고, 1997 사장직에 취임했다. 9년간 사장직을 맡은 후 2006년에 퇴직을 했다.

그는 부산문인협회 회장과 부산시조시인협회 회장을 역임했다. 그간 10권의 시집, 2권의 논문집, 2권의 정치논설집, 6권의 컬럼집을 상재했다. 현재 그는 부산의 퇴계학회연구원 원장으로, 그리고 민족시가연구소 이사장으로 활동하고 있다.

그는 수많은 상을 수상했다. 노산문학상, 성파문학상, 조연현문학상, 파성문학상, 설송문학대상, 동국문화대상, 부산시문화상, 가톨릭언론대상, 장지연언론대상, 일맥문화대상 등을 수상했으며, 국민훈장 석류장과 목련장, 체육훈장 거상장을 받았다.

Lebenslauf des Dichters Kim Sang Hoon

Er ist am 9. April 1936 auf der Insel Ulreungdo/Gyeongsangbugdo geboren und in Daegu aufgewachsen.

Er besuchte das Gyeongbug Gymnasium und die Daegu-Lehrerhochschule. Dann studierte er an der Donggug Universität und an deren Graduate School. Er erwarb 5 Honorardoktortitel, unter anderen in Literaturwissenschaft, in politischer Wissenschaft und in Betriebswissenschaft an verschiedenen Universitäten in Korea.

1957-1959 bekam er jedes Jahr Preise beim nationalen Sijo-Gedicht-Wettbewerb. 1958 erhielt er den 1. Preis beim Aufsatz-Wettbewerb der Tageszeitung Maeilsinmun, und 1961 den 1. Preis an dem von der Tageszeitung Busanilbo ausgeschriebenen Wettbewerb. 1966 bekam er den 1. Preis für sein Sijo-Gedicht beim Neujahres-Literatur-Wettbewerb der Zeitung Maeilsinmun und wurde dadurch als Dichter anerkannt.

Seine Arbeit als Journalist begann 1967 als Leitartikler bei der Zeitung Daeguilbo. 1974 wurde er Leitartikler bei der Tageszeitung Busanilbo und spaeter deren Chefredakteur und Vizepräsident. 1997 wurde er deren Präsident. Nachdem er etwa 9 Jahre als Präsident tätig gewesen war, trat er 2006 zurück.

Er war als Vorsitzender des Busaner Schriftstellerverbandes und auch als der des Sijo-Dichterverbandes tätig. Er veröffentlichte 10 Gedichtbände, 2 Bände wissenschaftlicher Abhandlungen, 2 Bände mit politischen Aufsätzen und 6 Kolumnensammlungen. Zur Zeit ist er Vorsitzender der Toegye-Gesellschaft in Busan und Vorsitzender des Instituts für die Nationalen Lieder.

Er erhielt zahlreiche Preise: den Nosan-Literaturpreis, den Seongpa-Literaturpreis, den Joyeonhyeon-Literaturpreis, den Paseong-Literaturpreis, den Seolsong-Großliteraturpreis, den Donggug-Großkulturpreis, den Kulturpreis der Stadt Busan, den Katholischen Preis für Journalisten, den Jangjiyeon-Großpreis für Journalisten und den Ilmaek-Großkulturpreis. Er erhielt Nationalorden: den Seogryu-Orden und den Mogryeon-Orden. Er erhielt auch den Geosang-Orden für Sport.

번역자 : 김천혜

서울대 독문학과 졸업, 독일 뮌헨대 독문학과 수료.
경북대 대학원 문학박사. 문학평론가. 부산대 명예교수.

Übersetzer : Prof. Dr. Chon-heh Kim

Er studierte Germanistik an der Universität Seoul, Universität München und promovierte an der Universität Kyungbook. Literaturkritiker und Emeritus an der Universität Pusan.

바람처럼 떠나야지

Ich will wie der Wind aufbrechen

2010년 9월 15일 인쇄
2010년 9월 25일 발행

지은이 김 상 훈
발행인 이 길 안
발행처 세종출판사

부산광역시 중구 보수동2가 72－26번지
전화 463－5898, 253－2213~5
팩스 248－4880
E－mail sjpl@chollian.net

등록 제02－01－96

ISBN 978-89-6125-415-1 03810

값 10,000 원